Babett Kurzius-Beuster

Musik an Stationen

Materialien zur Einbindung und Förderung lernschwacher Schüler

Klassen 1 und 2

INKLUSION
Für differenzierten Unterricht

Auer

Die Herausgeberin:

Sandra Sommer – Förderschullehrerin, langjährige Berufserfahrung an einer Grundschule, zahlreiche Veröffentlichungen

Die Autoren:

Babett Kurzius-Beuster – Lehrerin für Grund-, Haupt- und Realschulen, Fachlehrerin für Deutsch, Musik, Sachunterricht

Quellenverzeichnis Audio-CD:

Track 4 „Winterspaziergang" aus: „Musikgarten 2 – Der musikalische Jahreskreis", MH 15055; Mit freundlicher Genehmigung von Matthias Hohner, Mainz.

Track 6, 7 und 8: aus „Engelbert Humperdinck: Hänsel und Gretel", (P) EMI Classics

Track 10 „Smooth": von Carlos Santana, (P) Arista Records, LC 03484

Gedruckt auf umweltbewusst gefertigtem, chlorfrei gebleichtem
und alterungsbeständigem Papier.

1. Auflage 2015
Nach den seit 2006 amtlich gültigen Regelungen der Rechtschreibung

Illustrationen: Corina Beurenmeister
Satz: Fotosatz H. Buck, Kumhausen
Druck und Bindung: Stückle Druck und Verlag
ISBN 978-3-403-**07380**-2

www.auer-verlag.de

Inhalt

Vorwort

Bei den vorliegenden Stationsarbeiten handelt es sich um eine Arbeitsform, bei der die unterschiedlichen Lernvoraussetzungen in den zunehmend heterogenen Klassen Berücksichtigung finden. Es sind alle Musik-Themen des Bandes „Musik an Stationen (Klasse 1/2)“ (Bestell-Nr. **06993**) enthalten. Diese wurden so verändert, dass Schüler[1] mit Anspruch auf sonderpädagogische Förderung erfolgreich damit arbeiten können. Unabhängig und vor allem in Verbindung mit dem Band „Musik an Stationen (Klasse 1/2)“ ist es so möglich, differenzierte Arbeitsaufträge auch beim Stationenlernen anzubieten und dadurch den Bedürfnissen aller Schüler gerecht zu werden. Im Rahmen der inklusiven Beschulung von Schülern mit Anspruch auf sonderpädagogische Förderung ist dies in allen Fächern vonnöten, um ihnen eine möglichst umfassende Teilhabe am Unterricht zu ermöglichen. Die Grundidee ist, den Schülern einzelne Arbeitsstationen anzubieten, an denen sie gleichzeitig selbstständig arbeiten können. Die Reihenfolge des Bearbeitens der einzelnen Stationen ist dabei ebenso frei wählbar wie das Arbeitstempo und meist auch die Sozialform.

Als dominierende Unterrichtsprinzipien sind bei allen Stationen die Schüler- und Handlungsorientierung aufzuführen. Schülerorientierung meint, dass der Lehrer in den Hintergrund tritt und nicht mehr im Mittelpunkt der Interaktion steht. Er wird zum Beobachter, Berater und Moderator. Seine Aufgabe ist nicht das Strukturieren und Darbieten des Lerngegenstandes in kleinsten Schritten, sondern durch die vorbereiteten Stationen eine Lernatmosphäre zu schaffen, in der Schüler sich Unterrichtsinhalte eigenständig erarbeiten bzw. Lerninhalte festigen und vertiefen können. Handlungsorientierung meint, dass das angebotene Material und die Arbeitsaufträge für sich selbst sprechen. Der Unterrichtsgegenstand und die zu gewinnenden Erkenntnisse werden nicht durch den Lehrer dargeboten, sondern durch die Auseinandersetzung mit dem Material und die eigene Tätigkeit gewonnen und begriffen.

Ziel der Veröffentlichung ist, wie oben angesprochen, das Anknüpfen an unterschiedliche Lernvoraussetzungen der Schüler. Jeder einzelne Schüler erhält seinen eigenen Zugang zum inhaltlichen Lernstoff. Die einzelnen Stationen ermöglichen das Lernen nach allen Sinnen bzw. nach den verschiedenen Eingangskanälen. Dabei werden sowohl visuelle (sehorientierte), haptische (fühlorientierte) als auch intellektuelle Lerntypen angesprochen. An dieser Stelle werden auch gleichermaßen die Bruner'schen Repräsentationsebenen (enaktiv bzw. handelnd, ikonisch bzw. visuell und symbolisch) mit einbezogen. Das vorliegende Arbeitsheft unterstützt in diesem Zusammenhang das Erinnerungsvermögen, das nicht nur an Einzelheiten, an Begriffe und Zahlen geknüpft ist, sondern häufig auch an die Lernsituation.

Die Materialien sind in allen Schulformen einsetzbar und berücksichtigen die in den Lehrplänen für das Fach Musik formulierten Kompetenzen.

Folgende Themen aus dem Fach Musik werden innerhalb der verschiedenen Stationen behandelt:

- Rhythmus
- Klänge
- Musik und Bewegung
- Musik begegnen: Engelbert Humperdicks Märchenoper „Hänsel und Gretel“
- Dein Körper als Instrument: Bodypercussion

Viel Freude und Erfolg mit dem vorliegenden Heft.

---

1 Aufgrund der besseren Lesbarkeit ist in diesem Buch mit Schüler auch immer Schülerin gemeint, ebenso verhält es sich mit Lehrer und Lehrerin etc.

Materialaufstellung und Hinweise

Bei manchen Aufgaben ist in der Kopfzeile bereits angegeben, dass es sich um Partnerarbeit  oder Gruppenarbeit  handelt. Hierbei ist es unverzichtbar, dass die Kinder miteinander arbeiten. Allerdings sollte die Partnerarbeit der Einzelarbeit sowieso oft vorgezogen werden, um die kommunikative Komponente zu nutzen und zu fördern.

Rhythmus

Die Seiten 9 bis 15 in entsprechender Anzahl kopieren und den Schülern bereitlegen. Als Möglichkeit zur Selbstkontrolle können Lösungen zur Verfügung gestellt werden.

Bei den Stationen 1, 4, und 6 ist in der Kopfzeile Partnerarbeit  bzw. bei Station 2 Gruppenarbeit  angegeben.

Merkzettel	**Rhythmussprache** Der Merkzettel sollte während der gesamten Stationenarbeit gut sichtbar im Raum aufgehängt werden, damit die Schüler diese immer als Hilfe nutzen können.
Station 1	**Die Geheimsprache**
Station 2	**Klatschen zur Musik**
Station 3	**Übung für gute Ohren** Die Schüler benötigen die CD.
Station 4	**Was gehört zusammen? Rhythmus-Memory®** Die Kopiervorlage sollte ausgeschnitten und laminiert werden.
Station 5	**Kennst du die Rhythmen?**
Station 6	**Schreibe die Rhythmussprache**

Klänge

Die Seiten 16 bis 22 in entsprechender Anzahl kopieren und den Schülern bereitlegen. Als Möglichkeit zur Selbstkontrolle können Lösungen zur Verfügung gestellt werden.

Bei den Stationen 1, 3, und 5 ist in der Kopfzeile Partnerarbeit  bzw. bei Station 6 Gruppenarbeit  angegeben.

Station 1	**Instrumente klingen** Die Schüler benötigen verschiedene Instrumente.
Station 2	**Kurz oder lang?** Die Schüler benötigen verschiedene Instrumente.
Station 3	**Geräusche in der Schule**
Station 4	**Naturgeräusche erkennen** Die Schüler benötigen dazu die CD.
Station 5	**Klang-Memory®** Die Schüler benötigen verschiedene befüllte Filmdosen.
Station 6	**Regenmusik**

Musik und Bewegung

Die Seiten 23 bis 28 in entsprechender Anzahl kopieren und den Schülern bereitlegen. Als Möglichkeit zur Selbstkontrolle können Lösungen zur Verfügung gestellt werden. Ebenso sollten mehrere CD-Player und mehrere CD's bereit gestellt werden.

Bei Station 4 ist in der Kopfzeile Partnerarbeit  bzw. bei den Stationen 1, 3 und 5 Gruppenarbeit  angegeben.

Station 1	**Hoch oder tief?** Die Schüler benötigen Instrumente.
Station 2	**Schnell und langsam** Die Schüler benötigen die CD.
Station 3	**So tanzen die Könige** Die Schüler benötigen ein kleines Kissen und die CD.
Station 4	**Malen zur Musik** Die Schüler benötigen irgendeine CD und einen Malblock. Ebenso werden farbige Stifte benötigt.
Station 5	**Bewegung zur Musik** Die Schüler benötigen die CD.

Musik begegnen: Engelbert Humperdincks Märchenoper „Hänsel und Gretel“

Die Seiten 29 bis 38 in entsprechender Anzahl kopieren und den Schülern bereitlegen. Als Möglichkeit zur Selbstkontrolle können Lösungen zur Verfügung gestellt werden. Die Schüler sollten ein Wörterbuch zur Verfügung haben.

Bei der Station 4 ist in der Kopfzeile Partnerarbeit bzw. bei den Stationen 2 und 3 Gruppenarbeit angegeben.

Station 1 — **Hänsel und Gretel (3 AB)**
Die Schüler benötigen Schere und Kleber.

Station 2 — **Klanggeschichte zur Kinderoper**
Den Schüler sollten verschiedene Instrumente zur Verfügung gestellt werden.

Station 3 — **Kinderlieder in der Oper (3 AB)**
Die Lieder sollten mit den Kindern „live“ gesungen werden. Notfalls kann auch zur CD mitgesungen werden.

Station 4 — **Was gehört nicht zum Märchen?**

Station 5 — **Kennst du die Instrumente?**

Station 6 — **Im Opernhaus**

Dein Körper als Instrument: Bodypercussion

Die Seiten 39 bis 43 in entsprechender Anzahl kopieren und den Schülern bereitlegen. Als Möglichkeit zur Selbstkontrolle können Lösungen zur Verfügung gestellt werden. Die Schüler sollten ein Wörterbuch zur Verfügung haben.

Bei den Stationen 1 und 4 ist in der Kopfzeile Partnerarbeit angegeben.

Station 1 — **Welche Geräusche macht mein Körper?**
Die Schüler sollen zuerst alleine arbeiten, um die Kreativität nicht einzuschränken.

Station 2 — **Die Klanggesten**
Die Bilder können auch vergrößert werden und für die gesamte Einheit im Klassenraum aufgehängt werden. Ebenso können die Schüler eigene Klanggestenkarten dazu erfinden und aufhängen.

Station 3 — **Mach mit zur Musik**
Die Schüler benötigen die CD.

Station 4 — **Wie klingen die Tiernamen?**

Rhythmus ♩

Laufzettel

für ______________________________

Station	erledigt am ✓	kontrolliert von
1		
2		
3		
4		
5		
6		

Merkzettel „Rhythmussprache“

Merke dir die Geheimzeichen und die Geheimsprache!

Geheimzeichen (= Notenbild)	Geheimsprache (= Rhythmussprache)
	ta
	ti

Station 3 Übung für gute Ohren

Aufgabe:

1.  Schalte die CD (Nr. 1) an.

2. 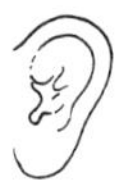 Du hörst jeden Rhythmus zweimal in der Rhythmussprache.

3.  Schreibe die Nummer des Hörbeispiels vor den passenden Rhythmus.

Nummer	Rhythmen	Rhythmussilben
◯	♩ ♩	ta ta
◯	♪ ♪	ti ti
◯	♪ ♪ ♩	ti ti ta
◯	♩ ♪ ♪	ta ti ti
◯	♪ ♪ ♪ ♪	ti ti ti ti
◯	♩ ♩ ♪ ♪ ♩	ta ta ti ti ta

Station 4 – Was gehört zusammen? Ein Rhythmus-Memory®

Aufgabe:

Suche den passenden Partner!

ta ta 	ta ta	ti ti 	ti ti
ti ti ta 	ti ti ta	ti ti ti ti 	ti ti ti ti
ta ta ta ta 	ta ta ta ta	ta ti ti ta 	ta ti ti ta
ti ti ta ta 	ti ti ta ta	ta (–)  (–)	ta (–)
ta ta ti ti 	ta ta ti ti	ta ta ta ti ti 	ta ta ta ti ti
ti ti ti ti ta ta 	ti ti ti ti ta ta	ti ti ta ti ti 	ti ti ta ti ti

Station 5 Kennst du die Rhythmen?

Aufgabe:

Schreibe zu jedem Rhythmus die Rhythmussprache und male das Feld in der richtigen Farbe an!

blau: ta **weiß: ta ta** **grau: ta ti i** **orange: ti ti**
grün: ti ti ta

Station 6 Schreibe die Rhythmussprache

Aufgabe:

1. Schreibe die Rhythmussprache unter das Notenbild!

♪ ♪	♩ ♩	♪ ♪ ♩ ♩
ti ti		

♩ ♩ ♪ ♪	♩ ♩ ♩ ♩	♪ ♪ ♪ ♪

2. Schreibe die Noten unter die Rhythmussprache!

ta ta	ti ti ti ti	ta ta ta ti ti
♩ ♩		

ta ta ta ta	ti ti ti ti ta ta	ta ta ti ti ta

Klänge

Laufzettel

für ______________________________

Station	erledigt am ✓	kontrolliert von
1		
2		
3		
4		
5		
6		

Station 1 Instrumente klingen

Aufgabe:

1. Sucht euch verschiedene Instrumente!

2. Probiert diese Instrumente aus!

3. Der Klang welches Instruments gefällt dir am besten? Beschreibe dieses Instrument deinem Partner! Mal schauen, ob er es errät.

4. Male ein Bild deines Lieblingsinstruments! Schreibe auch den Namen dazu auf!

Name meines Lieblingsinstruments: ____________________

Aufgabe:

1. Welches Instrument klingt lang, welches klingt kurz?

 Probiere die Instrumente aus.

 Klebe die Instrumentenbilder passend in die Tabelle.

lang —	**kurz •**

2. Welches Instrument klingt am längsten?

 Verbinde die Instrumente mit den passenden Klangbildern.

		●
		–
		—

✂ -

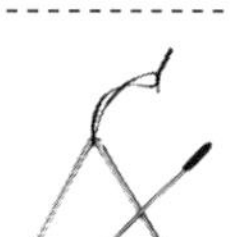		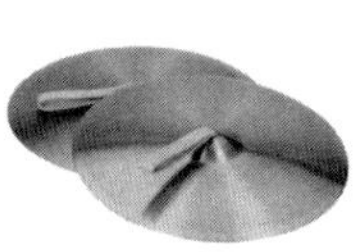	

Station 3 Geräusche in der Schule

Aufgabe:

1. Gehe an verschiedene Orte im Schulgebäude!
2. Schließe deine Augen und höre genau hin! Was kannst du alles hören?
3. Schreibe die Geräusche auf! Male ein Bild dazu!

Das höre ich!	So sieht es aus!

Station 4 *Naturgeräusche erkennen*

Aufgabe:

Höre dir die Geräusche auf der CD (Nr. 2) genau an!

1. Höre dir die Geräusche an, du hörst jedes Geräusch zweimal!
2. Schreibe die Nummer des Hörbeispiels vor das passende Bild!

Nummer	Geräusche
◯	
◯	
◯	
◯	
◯	
◯	

Station 5 Klang-Memory®

Aufgabe:

1. Schüttle die Döschen. Immer zwei Klänge gehören zusammen.

2. Höre genau. Drehe erst dann die Döschen um und sieh dir die Lösung an.

Station 6 Regenmusik

Aufgabe:

1. Höre dir die Regenmusik auf der CD (Nr. 3) an!
2. Suche dir Instrumente, mit denen man Regengeräusche machen kann!
3. Komponiert eure eigene Regenmusik!
4. Malt die Instrumente auf, mit denen ihr eure Regenmusik komponiert habt!

Musik und Bewegung

Laufzettel

für ______________________________

Station	erledigt am ✓	kontrolliert von
1		
2		
3		
4		
5		

Station 1 Hoch oder tief?

Aufgabe:

1. 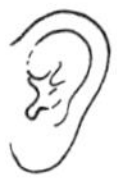 Höre dir hohe und tiefe Töne an, die dir dein Partner auf einem beliebigen Instrument vorspielt!

2. 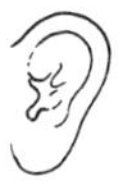 Hör dir die Töne genau an!

3. 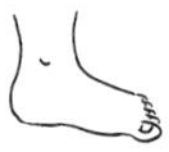 Bewege dich zu den Tönen! Knie dich bei einem tiefen Ton auf den Boden, stecke dich bei einem hohen Ton!

Station 2 Schnell und langsam 

Aufgabe:

1. 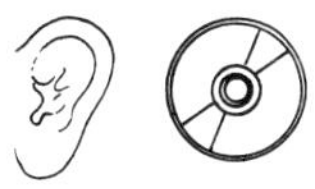 Höre dir die Musik auf der CD (Nr. 4) genau an!

2. 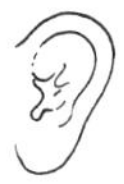 Du hörst Musik, die zwischen langsam und schnell wechselt.

3. 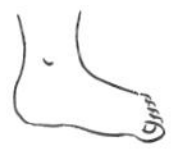 Bewege dich passend zur Musik! Ist die Musik schnell, dann gehe schnell, ist die Musik langsam, laufe langsam!

Du kannst auch mit Tüchern langsam und schnell zur Musik tanzen.
Achte darauf, dass du beim Tanzen niemanden berührst.

Station 3 So tanzen die Könige

Aufgabe:

1. Höre dir die Musik auf der CD (Nr. 5) genau an!

2. Begrüßt euch, wie man Könige begrüßt! Mädchen machen dazu einen Knicks, Jungs verbeugen sich!

3. Legt euch ein kleines Kissen auf den Kopf! Schreitet zur Musik! Achtet darauf, dass das Kissen nicht runterfällt!

4. Zählt, wie oft das Kissen runtergefallen ist! Das Kind mit den wenigsten Abwürfen ist der König!

Aufgabe:

1. 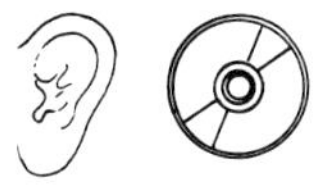 Höre dir deine Lieblingsmusik oder irgendeine andere Musik an!

2.  Höre der Musik genau zu! Male ein Bild zu deiner Musik!

3. Zeige einem anderen Kind, welches diese Station schon bearbeitet hat, dein Bild! Vergleicht diese!

Station 5 Bewegung zur Musik

Aufgabe:

1. Höre dir die Musik auf der CD (Nr. 6) genau an!

2. Wippe zuerst passend zur Musik!

3. Einer von euch beginnt mit einer Bewegung zur Musik. Die anderen machen diese Bewegung nach. Danach ist ein anderer dran. Achtet darauf, dass die Bewegungen zur Musik passen!

Hänsel und Gretel

Laufzettel

für ______________________________

Station	erledigt am ✓	kontrolliert von
1		
2		
3		
4		
5		

Station 1 Hänsel und Gretel (1)

Aufgabe:

1. Schneide die Bilder aus!

2. Klebe immer das passende Bild zum Text!

Hänsel und Gretel
(frei nach den Gebrüdern Grimm)

Ein armer Holzfäller hatte zwei Kinder. Sie hießen Hänsel und Gretel. Als die Familie nicht mehr genug zu essen hatte, plante die böse Stiefmutter, die beiden Kinder im Wald auszusetzen.	
Hänsel aber hörte von dem Plan und streute Kieselsteine auf dem Weg in den Wald aus. Der Vater ließ die Kinder im Wald alleine. Am Abend aber folgten die Kinder den Kieselsteinen und fanden nach Hause zurück.	
Die Stiefmutter wurde sehr böse und der Vater musste die Kinder am nächsten Tag wieder in den Wald bringen. Dieses Mal streute Hänsel Brotkrümel aus, da er keine Steine mehr hatte.	
Doch die Brotkrümel wurden von Vögeln aufgefressen. So fanden Hänsel und Gretel nicht wieder nach Hause zurück.	

Station 1 Hänsel und Gretel (2)

Aufgabe:

Die Kinder hatten Hunger und entdeckten ein Haus aus Brot, Zucker und Kuchen. Sie probierten von den Lebkuchen. Eine böse Hexe wohnte in dem Lebkuchenhaus.	
Die Hexe steckte Hänsel in einen Stall. Er wurde täglich gefüttert, damit er dick wird. Die Hexe wollte Hänsel braten. Jeden Tag ließ sie sich Hänsels Finger zeigen, um zu sehen, wie dick er schon geworden war. Doch Hänsel streckte immer einen Hühnerknochen durch das Stallgitter.	
Als die Hexe eines Tages den Backofen aufmachte, um Hänsel zu braten, stieß Gretel sie in den Ofen hinein.	
Die alte Hexe hatte ein große Schatztruhe. Die Kinder nahmen die Schätze mit. Sie liefen durch den Wald und fanden den Weg nach Hause.	
Zuhause freute sich der Vater sehr. Die böse Stiefmutter war inzwischen gestorben. Zusammen lebten die drei glücklich bis an ihr Lebensende.	

Station 1 Hänsel und Gretel (3)

Station 2 Klanggeschichte zur Kinderoper

Aufgabe:

1. Lest euch die Geschichte von Hänsel und Gretel noch einmal genau durch!
2. Sucht euch Instrumente für:
   Hänsel
   Gretel
   den Vater
   die böse Stiefmutter
   die Hexe
   die fallenden Kieselsteine
   die fallenden Brotkrümel
   die Vögel
   das Lebkuchenhaus
   den Stall
   die Schatztruhe
3. Einer liest die Geschichte vor. Die anderen spielen immer an den passenden Stellen ihr Instrument.
4. Spielt eure Klanggeschichte der ganzen Klasse vor!

Kinderlieder in der Oper (1)
Ein Männlein steht im Walde

Aufgabe:

1. Singt mit der Klasse das Lied! Oder höre dir das Lied auf der CD (Nr. 6) an und singe danach zur CD mit!

Station 3 Kinderlieder in der Oper (2)
Brüderchen, komm tanz mit mir

Aufgabe:

1. Singt mit der Klasse das Lied. Oder höre dir das Lied auf der CD (Nr. 7) an und singe danach zur CD mit.

2. Tanzen soll ich armer Wicht,
   Schwesterchen, und kann es nicht.
   Darum zeig mir, wie es Brauch,
   dass ich tanzen lerne auch!

3. Mit den Füsschen tapp tapp tapp,
   mit den Händchen klapp klapp klapp,
   einmal hin, einmal her,
   rund herum, es ist nicht schwer!

4. Ei, das hast du gut gemacht!
   Ei, das hätt' ich nicht gedacht!
   Seht mir doch den Hänsel an,
   wie der tanzen lernen kann!

5. Mit dem Köpfchen nick nick nick,
   mit dem Fingerchen, tick, tick, tick,
   einmal hin, einmal her,
   rund herum, es ist nicht schwer!

Station 3 Kinderlieder in der Oper (3)
Abends will ich schlafen gehen

Aufgabe:

1. Singt mit der Klasse das Lied! Oder höre dir das Lied auf der CD (Nr. 8) an und singe danach zur CD mit.

Station 4 Was gehört nicht zum Märchen?

Aufgabe:

1. Schaue dir die Bilder genau an!

2. Streiche durch, was nicht zum Märchen „Hänsel und Gretel“ gehört.

Aufgabe:

1. Schau dir das Opernhaus genau an!

2. Die Zuschauer warten auf die Sänger. Male eine Szene aus Hänsel und Gretel auf die Bühne!

Bodypercussion

Laufzettel

für ______________________________

Station	erledigt am ✓	kontrolliert von
1		
2		
3		
4		

Station 1 Welche Geräusche macht mein Körper?

Aufgabe:

1.  Überlege einmal genau, welche Geräusche du mit deinem Körper machen kannst!
2. Versuche so viele verschiedene Geräusche wie möglich mit deinem Körper zu machen!
3.  Schreibe auf, wie viele verschiedene Geräusche du schon machen kannst. So viele Geräusche kann ich mit meinem Körper machen: ______________________________
4. Mache deine Geräusche einem Mitschüler vor und lass dir seine Geräusche zeigen. Vielleicht lernst du ja neue kennen. So viele neue Geräusche habe ich kennengelernt: ______________________________

Station 2 Die Klanggesten

Aufgabe:

1. 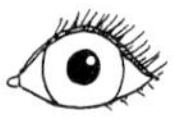 Schaue dir die Klanggesten genau an!

2.  Probiere jede Klanggeste aus!

Station 3 Mach mit zur Musik

Aufgabe:

1. Probiere die folgenden Klanggesten aus!

Gesicht: Patsche mit deinen Händen abwechselnd auf deine Wangen.

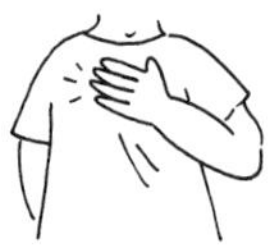

Brust: Patsche mit deinen Händen abwechselnd auf deine Brust.

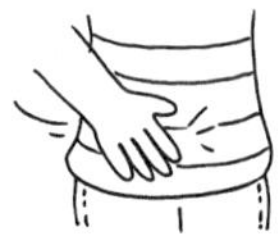

Bauch: Patsche mit deinen Händen abwechselnd auf deinen Bauch.

Po: Patsche mit deinen Händen abwechselnd auf deinen Po.

2. Patsche auf jedes Körperteil achtmal und fange dann von vorne an!

8 x Gesicht, 8 x Brust, 8 x Bauch, 8 x Po :||

3. Höre dir die Musik auf der CD (Nr. 9) genau an!

4. Begleite die Musik mit deinen Klanggesten!

Station 4 Wie klingen die Tiernamen?

Aufgabe:

1. Setze für diese Tiernamen deine Körperinstrumente ein:
   Du kannst klatschen oder auch nur mit dem Finger auf deine Hand tippen. Überlege, was am besten zum jeweiligen Tier passt.

2. Sprich dazu.

3. Wechselt euch ab! Sprecht die Tiere schnell hintereinander, sodass ein Tiermusikstück entsteht! Begleitet euch dazu mit euren Klanggesten!

Lösungen

Rhythmus / Station 2 — Seite 11

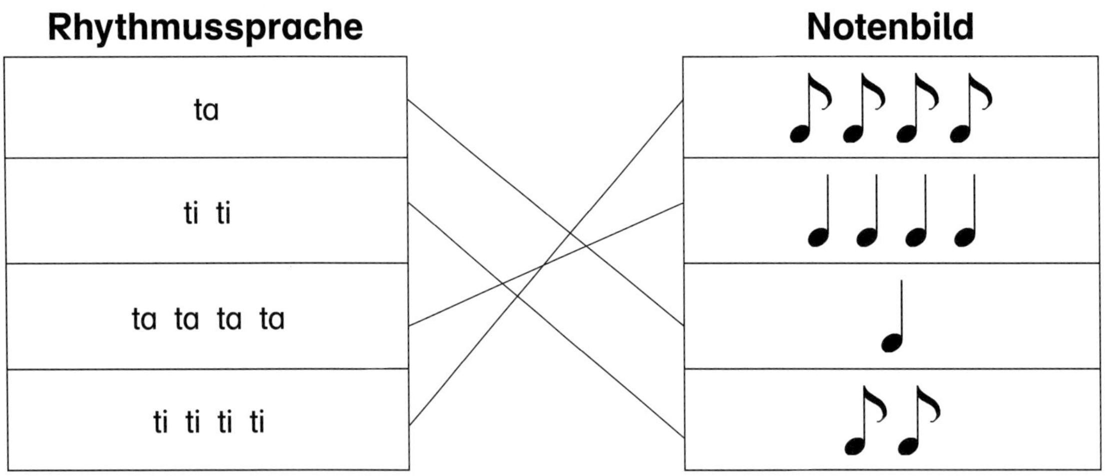

Rhythmus / Station 3 — Seite 12

Nummer	Rhythmen	Rhythmussilben
2	♩ ♩	ta ta
4	♪ ♪	ti ti
6	♪ ♪ ♩	ti ti ta
1	♩ ♪ ♪	ta ti ti
5	♪ ♪ ♪ ♪	ti ti ti ti
3	♩ ♩ ♪ ♪ ♩	ta ta ti ti ta

Rhythmus/Station 5 — Seite 14

Rhythmus/Station 6 — Seite 15

1.

♪ ♪	♩ ♩	♪ ♪ ♩ ♩
ti ti	ta ta	ti ti ta ta
♩ ♩ ♪ ♪	♩ ♩ ♩ ♩	♪ ♪ ♪ ♪
ta ta ti ti	ta ta ta ta	ti ti ti ti

2.

ta ta	ti ti ti ti	ta ta ta ti ti
♩ ♩	♪ ♪ ♪ ♪	♩ ♩ ♩ ♪ ♪
ta ta ta ta	ti ti ti ti ta ta	ta ta ti ti ta
♩ ♩ ♩ ♩	♪ ♪ ♪ ♪ ♩ ♩	♩ ♩ ♪ ♪ ♩

Klänge/Station 2 — Seite 18

1.

lang –	**kurz •**
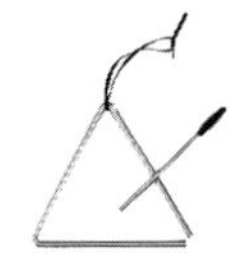	

2.

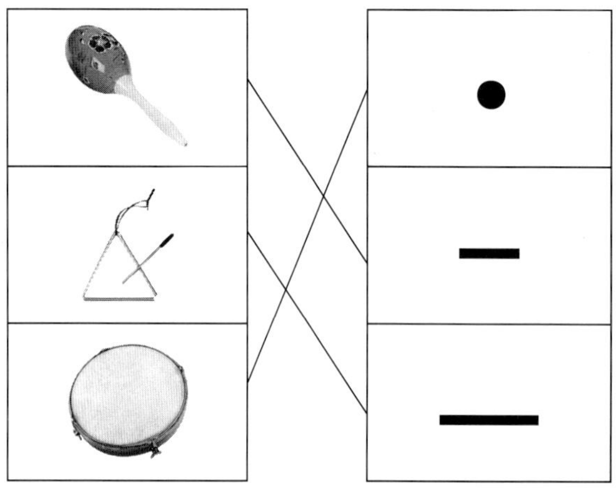

Klänge/Station 4 — Seite 20

Nummer	**Geräusche**
5	
1	
6	
4	
2	
3	

Musik begegnen/Station 1 — Seite 30

Ein armer Holzfäller hatte zwei Kinder. Sie hießen Hänsel und Gretel. Als die Familie nicht mehr genug zu essen hatte, plante die böse Stiefmutter, die beiden Kinder im Wald auszusetzen.	
Hänsel aber hörte von dem Plan und streute Kieselsteine auf dem Weg in den Wald aus. Der Vater ließ die Kinder im Wald alleine. Am Abend aber folgten die Kinder den Kieselsteinen und fanden nach Hause zurück.	
Die Stiefmutter wurde sehr böse und der Vater musste die Kinder am nächsten Tag wieder in den Wald bringen. Dieses Mal streute Hänsel Brotkrümel aus, da er keine Steine mehr hatte.	
Doch die Brotkrümel wurden von Vögeln aufgefressen. So fanden Hänsel und Gretel nicht wieder nach Hause zurück.	
Die Kinder hatten Hunger und entdeckten ein Haus aus Brot, Zucker und Kuchen. Sie probierten von den Lebkuchen. Eine böse Hexe wohnte in dem Lebkuchenhaus.	
Die Hexe steckte Hänsel in einen Stall. Er wurde täglich gefüttert, damit er dick wird. Die Hexe wollte Hänsel braten. Jeden Tag ließ sie sich Hänsels Finger zeigen, um zu sehen, wie dick er schon geworden war. Doch Hänsel streckte immer einen Hühnerknochen durch das Stallgitter.	
Als die Hexe eines Tages den Backofen aufmachte, um Hänsel zu braten, stieß Gretel sie in den Ofen hinein.	
Die alte Hexe hatte ein große Schatztruhe. Die Kinder nahmen die Schätze mit. Sie liefen durch den Wald und fanden den Weg nach Hause.	
Zuhause freute sich der Vater sehr. Die böse Stiefmutter war inzwischen gestorben. Zusammen lebten die drei glücklich bis an ihr Lebensende.	

Musik begegnen/Station 4 — Seite 37

Nicht zum Märchen gehören: Wolf; Prinzessin; Zwerge; Froschkönig

Inhalt der CD

Track	Titel
1	Rhythmen in Rhythmussprache
2	Naturgeräusche: Wind/Sturm, Ente, Schafe, Katze, Hahn, Kuh
3	Aufnahme von Regen
4	Winterspaziergang
5	Die vier Jahreszeiten: Der Frühling
6	Ein Männlein steht im Walde (aus: Engelbert Humperdincks „Hänsel und Gretel“)
7	Brüderchen, komm tanz mit mir (aus: Engelbert Humperdincks „Hänsel und Gretel“)
8	Abends will ich schlafen gehen (aus: Engelbert Humperdincks „Hänsel und Gretel“)
9	Smooth (Santana)